AF260007

Notice Historique

SUR LA DISTRIBUTION DES

DÉCORATIONS

DE

LA LEGION D'HONNEUR,

PAR L'EMPEREUR NAPOLÉON,

DANS LE VALLON DE TERLINCTHUN, PRÈS LA VILLE DE BOULOGNE-SUR-MER,

le 28 thermidor an XII (16 août 1804);

ET SUR

LA PIERRE MONUMENTALE

Destinée à transmettre le souvenir de cette fête solennelle;

DÉDIÉE A LA GARDE NATIONALE DE BOULOGNE,

PAR P. BERTRAND,

Docteur en médecine de la faculté de Paris, capitaine de la deuxième compagnie
du deuxième bataillon de la garde nationale.

Se trouve chez tous les libraires de Boulogne,

ET SE VEND AU PROFIT DES VICTIMES DES 27, 28 ET 29
JUILLET. — PRIX : 50 c.

Boulogne.

IMPRIMERIE DE F. BIRLÉ, RUE DES PIPOTS.

NOTICE HISTORIQUE

SUR LA DISTRIBUTION

DES DÉCORATIONS

DE

LA LEGION D'HONNEUR

PAR

L'EMPEREUR NAPOLÉON,

Dans le vallon de Terlincthun, près la ville de Boulogne-sur-mer,

LE 28 THERMIDOR AN XII,

(16 Août 1804);

ET SUR LA PIERRE MONUMENTALE DESTINÉE A TRANSMETTRE LE

SOUVENIR DE CETTE FÊTE SOLENNELLE.

Une génération déjà s'est écoulée depuis l'époque où l'empereur Napoléon forma dans les camps de Boulogne, avec les soldats de la liberté, ceux qui triomphèrent à Valmy, à Jemmapes, à Fleurus, réunis aux vainqueurs de l'Italie, des pyramides et de Marengo, cette armée de héros qui ébranla tous les trônes de l'Europe !

Le temps a effacé jusqu'à la trace de ces *villes*

toutes militaires couronnant nos collines, où chaque soldat avait sa maison, son jardin, ses instrumens aratoires et ses armes. Ce n'était point là, comme à Capoue, les délices de l'oisiveté ; les guerriers français méditaient une autre destinée. Ils s'exerçaient dans leurs camps au noble métier des armes ; plus loin ils élevaient des forteresses, creusaient des ports, et s'accoutumaient encore aux fatigues de la mer ! Le signal d'une grande expédition allait être donné, et on les vit tout-à-coup traverser comme la foudre l'espace compris entre les rivages du Pas-de-Calais et les bords de l'Inn et du Danube !

Le passage des ponts de Donawerth et du Lech, les combats de Wertingen, de Guntzbourg, d'Elchingen, de Memmingen, de Languenau et de Haag; les capitulations d'Ulm, d'Augsbourg, de Braunau, de Lintz, etc., celle de Vienne enfin, la bataille d'Austerlitz et la paix qui s'en suivit, tels furent les exploits qui immortalisèrent les enfans de la France, sortis des camps de Boulogne.

Berthier, Soult, Ney, Davoust, Murat, Lannes, Suchet, Oudinot, Bessières, Andreossi, Junot, St.-Hilaire, Baraguay-d'Hilliers, d'Hautpoult, Vandamme, Legrand,

Bertrand, Bisson, et une foule d'autres généraux célèbres, étaient les compagnons et les émules du grand capitaine !

L'ordre de la Légion d'honneur, qui avait été créé par lui, en l'an VIII, pour récompenser les grandes vertus et les grands services civils et militaires, n'était point parvenu à toute son illustration, parce que l'établissement du gouvernement consulaire, le passage du St.-Bernard, la paix de Lunéville, celle d'Amiens, le concordat, le code civil, et tant d'autres travaux de diplomatie, d'administration intérieure et d'utilité publique, si rapidement exécutés sous le coup-d'œil d'aigle de l'homme du siècle, n'en avait en quelque sorte pas laissé le temps.

Napoléon, élevé à la dignité impériale, résolut d'attacher à cet ordre sublime et génereux le respect des nations et des siècles. Il en composa le conseil suprême des hommes les plus distingués de la France et des guerriers les plus valeureux. Plus tard, il le présida lui-même, environné de rois et de princes auxquels il en avait accordé les dignités !

Le 26 messidor an XII (15 juillet 1804) jour consacré à célébrer l'anniversaire de la prise de la Bastille, (*) eut lieu entre les mains de l'Empereur, dans l'église des invalides à Paris, la prestation du serment des grands officiers et des légionnaires présens. Cette cérémonie fut suivie de la première distribution des décorations; le service divin en consacra le principe, et tout le monde sait ce que cette noble institution produisit de puissant pour la gloire de la patrie!

Un mois après, Napoléon, revenu camper à sa barraque de la tour d'Ordre, et proclamé Empereur par l'armée, voulut renouveller d'une manière plus solennelle la cérémonie qui avait eu lieu aux Invalides. Il fit tout disposer pour cette grande fête militaire, à laquelle rien ne peut être comparé! C'est dans les champs de Boulogne que cent mille guerriers, rassemblés autour de lui, virent décorer de l'étoile des braves les plus braves d'entr'eux; c'est dans les champs de Boulogne que cinquante mille spectateurs applaudirent à leurs triomphes; c'est sous nos yeux enfin, que la gloire nationale brilla de son plus pur, comme de son plus vif éclat!

On nous saura gré sans doute de reproduire ici les détails de cette solennité; nous les

---

(*) Remis pour cette fois un jour plus tard.

puisons dans la narration exacte que nous en avons faite dans l'*Histoire de Boulogne, et de ses environs.*

» Dès le 26 thermidor an XII (14 août 1804), les troupes du camp de Montreuil, les grenadiers de la réserve, la cavalerie cantonnée à St.-Omer, à Arras, à Calais et dans les autres villes, étaient arrivés dans les camps de Boulogne. Le lendemain au soir, une salve générale de l'artillerie de toute la côte annonça la fête du 28, et ce jour, aux premiers rayons du soleil, une nouvelle salve se fit entendre. A neuf heures du matin, la générale fut battue dans les camps; en un instant toutes les troupes se mirent en marche pour se rendre dans un petit vallon situé à une demi-lieue de Boulogne, sur le bord de la mer, entre le Moulin-Hubert et le village de Terlincthun ; là, le terrein s'incline doucement vers la falaise, et forme naturellement un amphithéâtre, qui devenait la position la plus favorable pour réunir dans un petit espace l'armée et le plus grand nombre possible de spectateurs. Au centre de cet amphitéâtre s'élevait une estrade sur laquelle on avait placé le trône d'un des rois de France de la première race ; on n'y remarquait d'autre ornement que des trophées , composés d'étendards et de drapeaux pris sur l'ennemi dans les batailles de Montenotte, d'Arcole, du Tagliamento , de Lodi , de Rivoli , de Castiglione , d'Alexandrie, des Pyramides, du Mont-Thabor , d'Aboukir , et de Marengo ; le tout surmonté des guidons pourprés des Beys d'Égypte , qui s'agitaient doucement dans les airs et ombrageaient l'armure en pied des électeurs de Hanovre. Cette noble décoration avait un caractère sévère d'accord avec l'esprit des guerriers, qui ne connaissaient d'autre faste que leurs exploits et leurs lauriers.

» A midi , l'Empereur partit à cheval de sa barraque, accompagné par les maréchaux , les ministres et un nombreux et brillant état-major. Une salve d'artillerie annonça son départ ; une autre fit connaître son arrivée au milieu de l'armée.

» Assis sur le trône , il avait à sa droite son frère Joseph, derrière lui les officiers de la couronne. Sur une estrade inférieure se trouvaient les ministres , les maréchaux , les colonels-généraux et les sénateurs ; plus bas les aides-de-camp , et au pied du trône , sur des bancs, étaient à droite les conseillers d'état et les généraux, à gauche les fonctionnaires civils et religieux.

» Derrière l'estrade se trouvait en bataille la garde impériale ; sur la même ligne, d'un côté tous les corps de musique de l'armée, de l'autre plus de deux mille tambours, et aux deux extrémités les états-majors généraux des camps. Cette ligne, longue de cent cinquante toises, était la base de la demi-circonférence autour de laquelle l'armée se rassemblait.

» Devant le trône s'avançaient soixante régimens en vingt colonnes serrées à tête de division, formant comme autant de rayons dirigés vers un centre commun ; leurs extrémités divergentes se prolongeaient sur les hauteurs que couronnaient en demi-cercle vingt escadrons en bataille.

» A la tête de chaque colonne étaient, par pelotons, les braves qui devaient recevoir la décoration de la Légion-d'Honneur ; derrière eux, les drapeaux et les généraux de chaque division.

» Une multitude d'étrangers venus de la capitale et des villes de l'intérieur, réunie à toute la population de Boulogne, couvrait la campagne. La ville, qui le matin était ob-

struée par le passage des troupes et des états-
majors, qui retentissait des bruits des tambours et des marches guerrières de la musique
des corps, se trouva tout-à-coup silencieuse
et déserte ; on n'y voyait plus une seule per-
sonne dans les rues : tout le monde s'était
rendu au spectacle magnifique que la France
armée donnait en face de l'Angleterre.

» Du point où le trône était placé, on dé-
couvrait à l'horizon les côtes britanniques ;
les camps s'offraient aussi à l'œil du specta-
teur, ainsi que la rade, le port et les immenses
batteries des côtes, dont les feux faisaient
trembler le sol.

» Au signal donné, les tambours battirent la
charge, et à l'instant toute l'armée s'ébranla.
Les colonnes, en serrant les rangs, s'avancèrent
avec un ordre admirable jusqu'à la moitié
de la distance qui les séparait du trône. Ce
beau mouvement, si ponctuellement exécuté
par cent mille hommes, que l'œil embrassait
avec la plus grande facilité, ressemblait assez
à une montagne oscillante par l'effet d'un
tremblement de terre, et le poli des armes,
réfléchissant les feux du soleil, présentait
l'aspect d'une lave d'acier gagnant peu-à-peu
et menaçant bientôt de couvrir la plaine.

» Un autre signal arrêta cette masse impé-
nétrable , et, comme par l'effet de la magie,
elle devint immobile et attentive.

» La vue de cette armée couverte de tant de
gloire répandait dans l'âme un enthousiasme
indéfinissable ! Comment ne pas l'éprouver,
en effet, lorsqu'on voyait les plus illustres des
Français, maréchaux, généraux, conseillers-
d'état, préfets, évêques, officiers, soldats,
marins, rassemblés pour recevoir des mains
du chef de l'état le prix de l'honneur, du
courage et des talens !

» Des officiers tenaient les décorations dans
des casques et sur des boucliers de l'armure
de Duguesclin et de Bayard. Cette idée ingé-
nieuse de rappeler à tant de braves la valeur
de ces deux modèles de dévouement et de
générosité, contribuait encore à augmenter
l'admiration qu'inspirait cette imposante solennité.

» En ce moment le grand chancelier prononça un discours analogue à la cérémonie ;
l'empereur prononça ensuite le serment de
l'ordre, qui fut aussitôt répété par les légionnaires, auxquels se joignit spontanément toute
l'armée. Les grands officiers, les comman-
dans, les officiers et les membres de la

Légion-d'Honneur, furent alors individuel-
lement présentés à l'Empereur, qui leur remit
la décoration : il les reconnaissait pour la
plupart et les accueillait comme les compagnons de sa gloire et de ses travaux. La
musique de tous les régimens, dirigée par le
célèbre Méhul, exécutait le magnifique chant
du départ. Peu après, toute l'armée défila
devant le trône et retourna dans les camps,
où de doubles rations de vin, etc., lui furent
distribuées.

» Les divisions des camps de Boulogne, de
Wimereux et d'Ambleteuse, traitèrent, par
analogie d'armes, toutes les troupes venues
des environs, et les légionnaires assistèrent à
des banquets donnés par le prince Joseph,
le ministre de la guerre, le ministre de la
marine, le maréchal Soult et l'amiral Bruix.

» Le lendemain ce n'était plus cette solennité guerrière, cet appareil martial, et ces
menaçantes évolutions qui semblaient devoir
tout envahir : des tirs à la cible, des coursés,
des jeux et des danses leur avaient succédé sur
les esplanades des camps. A neuf heures du
soir, une forte détonation, partie du camp de
gauche, annonça le feu d'artifice : aussitôt le
rempart et la falaise de la Tour-d'Ordre se

couvrirent de spectateurs. L'Empereur se rendit à sa barraque, et à l'instant le ciel fut embrasé par des milliers de bombes lumineuses, une quantité innombrable de fusées, et quinze mille cartouches à étoiles, lancées en feu de file par l'armée du camp de gauche. La ville, les remparts, les arcs de triomphe; furent ensuite illuminées, et un bal brillant termina cette fête, dans laquelle on avait étalé tout ce que le luxe militaire peut avoir de plus majestueux. »

C'est à l'occasion de cette grande cérémonie que l'armée, voulant donner au chef de l'état un témoignage de son admiration, et célébrant pour la 13me fois la fête de la fondation de la république, arrêta qu'une colonne capable de résister aux siècles, construite en marbre du Boulonnais, serait érigée à ses frais, dans le lieu le plus convenable et en même temps le plus rapproché de l'endroit où le trône de Napoléon avait été élevé, lorsqu'il distribua les décorations de la Légion d'Honneur. Cette colonne devait être surmontée de la statue colossale de l'Empereur; quatre bas reliefs représentant, 1° l'hommage de l'armée, 2° la distribution des décorations, 3° la vue des ports de Boulogne, Wimereux,

Ambleteuse et la flotille en rade , et 4° l'aspect des camps et de la barraque de la tour d'Ordre , devaient en orner le piédestal.

Les malheurs de la France ne permirent pas de suivre ces généreuses dispositions ; la colonne s'éleva , mais tout ce qui rappelait les beaux jours de l'empire fut soigneusement supprimé.

Le lieu où tant de braves avaient reçu d'aussi nobles récompenses , était livré à la culture , et bientôt on l'aurait cherché en vain , si la Société d'Agriculture de Boulogne n'eût résolu d'acheter l'emplacement du trône, et d'y faire sceller un socle de marbre.

« Le 3 décembre, anniversaire de la bataille d'Austerlitz et du couronnement, la société, ayant en tête son président , M. Wissocq , se rendit sur les lieux. Un massif de maçonnerie avait été construit dans l'emplacement du trône. Au centre de ce massif on fit sceller un socle quadrangulaire, du marbre de la colonne , de quatre-vingt-dix centimètres de longueur, et de quatre-vingts centimètres de largeur , sur lequel fut sculptée une couronne de laurier , ornée de la décoration de la Légion-d'Honneur , avec cette inscription : 28 THERMIDOR AN XII. La dimension la plus

longue du socle fut placée dans la direction
d'une ligne méridienne, passant par le centre
du massif ; et afin que le monument pût se
retrouver dans tous les temps, ou qu'on pût
en déterminer exactement la place, on me-
sura les angles que la ligne méridienne faisait
avec d'autres lignes dirigées sur divers points
environnans ; ainsi :

» L'angle formé par la méridienne et par une
ligne menée du centre du massif sur la crête
extérieure du parapet ou saillant du bastion
de gauche de la gorge du fort de Terlincthun,
13 degrés 39 minutes ;

» L'angle pris de la ligne ci-dessus, avec
une autre menée sur le pignon nord-ouest
de la maison de M. Châteaurenault, à Terlincthun, 42 degrés 5o minutes ;

» L'angle de la même ligne, avec une autre
menée sur la colonne, 44 degrés 5 minutes,

» L'angle de la ligne menée sur la colonne,
avec une autre tirée sur le pignon le plus à
l'est de la ferme d'Ordre, 46 degrés 5o minutes ;

» L'angle compris entre cette ligne et une
autre dirigée sur le sémaphore de la Tour-
d'Ordre, 46 degrés 5 minutes ;

» L'angle formé par le sémaphore d'Ordre

avec une autre qui du centre du massif passe par le milieu du fort de l'Heurt, 25 degrés une minute ;

« Enfin un dernier angle de 16 degrés une minute, est compris entre la ligne du fort de l'Heurt et une autre dirigée par le centre du Fort-en-Bois.

» Lorsque la pierre fut posée et scellée, les membres de la société revinrent en ville, et se réunirent dans un banquet, où les santés de l'empereur et des vainqueurs d'Austerlitz furent portées au milieu des plus vifs applaudissemens.

» Depuis la consécration de ce monument, le terrein a été clos par une digue surmontée d'une haie vive d'aubépine, et l'intérieur planté d'arbres de futaie.

» Pendant le vertige qui s'empara de quelques têtes en 1815 et 1816, ce modeste monument fut détruit. La pierre fut brisée par des hommes jaloux de se montrer ardens à effacer les annales de l'empire. Dans leur délire, ils ne s'apercevaient pas qu'ils insultaient à la Légion-d'Honneur, qu'ils insultaient à toute la France ! car ce n'était point de Napoléon qu'il s'agissait ici. L'empereur, en récompensant la valeur et les talens, il n'avait agi , selon ses propres expressions, que *comme le représentant de la nation*. Pourquoi donc détruire un monument qui pouvait être l'orgueil de la France, puisque tant de Français illustres, guerriers ou savans, avaient, dans le lieu même de son érection, reçu le prix de leur mérite ? La réponse à cette seule question condamne à jamais les énergumènes du temps. »

Depuis quinze années, les membres de la Légion-d'Honneur, auxquels certaines gens ne pouvaient pardonner la gloire qu'ils avaient si justement acquise, gémissaient en silence de cette dévastation ; les véritables Français s'unissaient à leur douleur, plusieurs même osaient songer à une restauration ; mais le système oppresseur qui heurtait la conscience, qui comprimait la pensée et les idées généreuses, fit constamment ajourner l'accomplissement de cette noble tâche, lorsqu'enfin l'heureuse révolution de juillet, en déroulant le vieux drapeau de la liberté ! en plaçant à la tête du gouvernement un *roi citoyen*! vint permettre à chacun d'honorer tout ce qui est grand, tout ce qui est juste !

La garde nationale de Boulogne, inspirée par ces nobles sentimens, vota d'un mouvement spontané, au pied de la colonne où elle était rassemblée le dimanche 10 octobre, le rétablissement de la pierre monumentale de la Légion-d'Honneur. Quatre de ses capitaines furent désignés pour commissaires afin de présider aux dispositions de la cérémonie. Une correspondance eut lieu aussitôt à ce sujet entre le colonel de la garde nationale et le président de la société d'agriculture. Les vœux de tous se rencontrèrent d'autant plus heureusement que cette société avait elle-même, dès l'année 1828, pris des mesures pour faire rétablir le monument qu'elle avait créé. Elle nomma aussi quatre commissaires qui, réunis à ceux de la garde nationale, convinrent d'abord que la pierre déjà taillée dans les ateliers de M. Gaudy, marbrier, grenadier du 2me bataillon, porterait son inscription primitive : 28 THERMIDOR AN XII, et que pour en faciliter l'intelligence au voyageur isolé parcourant, dans les temps futurs, ce champ de la gloire, on y graverait ces mots sur l'une des faces : *distribution solennelle de la décoration de la Légion-d'Honneur, le 16 août 1804.*

La garde nationale arrêta enfin que, pour couvrir les frais nécessaires à l'érection du monument, une souscription serait ouverte dans son sein, et que chacun serait invité à y prendre part pour une somme qui n'excéderait pas *vingt-cinq centimes*. Le jour de la cérémonie fut fixé au 24 octobre 1830.

M. le colonel Sansot, au nom de la garde nationale, s'était empressé d'inviter à la solennité MM. les légionnaires, les autorités civiles et militaires de Boulogne, les administrations de la marine, le maire de Wimille, commune sur laquelle se trouve le terrein du monument, et toutes les personnes notables du pays.

Le dimanche 24 octobre 1830, à neuf heures du matin, le rappel fut battu dans toute la ville; bientôt après la place de l'esplanade, désignée pour le lieu du rendez-vous, se couvrit de toutes les compagnies de la garde nationale dans la plus belle tenue. On y voyait le beau corps de musique qui en fait le charme autant que l'ornement, les pompiers avec leurs casques brillants, les canonniers avec leurs pièces, les nombreuses compagnies de grenadiers et de chasseurs, dont les panaches rouges et tricolores rappelaient ces pavois de la flotille de Boulogne dans les jours de fête; les fusiliers sédentaires, un détachement du

I1ᵐᵉ léger, la garde nationale à cheval et la gendarmerie venaient ensuite.

La société d'agriculture était arrivée en corps, ainsi que les autorités et toutes les personnes invitées.

Après s'être formé en colonne, le cortège se mit en marche en traversant la haute-ville au son d'une musique guerrière. Un temps magnifique, un beau soleil d'automne ajoutaient encore à tout ce que cette journée offrait d'intéressant. La route était bordée par la population Française et Anglaise qui se rendait au vallon de Terlincthun ; chacun éprouvait cette douce satisfaction qu'on ressent toujours en payant un tribut d'hommage à des souvenirs glorieux. Les diverses troupes, dont la réunion formait en quelque sorte une petite armée, furent à peine mises au pas de route, qu'elles entonnèrent la Marseillaise et la Parisienne, répétées en chœur par les assistans. On passa près de cette majestueuse colonne à laquelle il ne manque plus que d'être rendue à sa première destination : enfin on arriva sur le bord de ce vallon célèbre. Jusqu'alors il n'avait plus présenté qu'un aspect triste et désert : il n'était plus visité qu'avec un sentiment de peine, et quand on l'avait parcouru, pour découvrir la place du trône, on ne s'éloignait que sous le poids d'une pensée douloureuse. Mais grâce aux événemens qui ont régénéré la France, ce vallon avait retrouvé tout son éclat : on y voyait flotter un grand nombre de drapeaux tricolores; depuis la grande armée ces nobles couleurs n'y avaient plus brillé ; elles étaient disparues avec les héros qui les avaient portées, et maintenant elles semblaient sortir du sol qu'avait immortalisé le chef de la légion des braves !

Les commissaires s'étaient préalablement rendus sur le terrein pour faire placer le monument et recevoir MM. les légionnaires, la société d'agriculture et les autorités de Boulogne et de Wimille. Pendant ce temps, le cortège militaire arriva, forma le carré et fit des manœuvres d'armes, avec une précision et une régularité dignes des soldats les plus expérimentés ; alors le colonel de la garde nationale s'approcha de l'enceinte et fut invité par le président de la société d'agriculture à prononcer le discours qu'il avait préparé ; il s'exprima en ces termes :

« Mes concitoyens et mes camarades,

» L'année de 1815, de funeste mémoire, fut pour

la France féconde en calamités; et du milieu de nos·
malheurs publics et particuliers s'éleva une faction en-
nemie de sa gloire comme de tout ce qui pouvait en
rappéler le souvenir à nos neveux. Les cosaques et les
baskirs, vainqueurs étonnés de notre belle patrie,
avaient respecté nos monumens. Cette faction voulut
les détruire, et ce fut à nos ennemis même que nous en
dûmes la conservation. Par ses ordres fut enlevée et
brisée, à cette même place, la pierre dont l'inscription
consacrait une époque de notre histoire qui a tant
contribué à l'éclat et à l'illustration de nos armes.

» C'est ici, mes camarades, que furent délivrées, par
un grand homme, ces décorations de la Légion-d'Honneur qui ont paré la poitrine de tant de braves, et qu'on
a voulu souiller depuis en les prodiguant à qui n'était pas
digne de les porter. Nous sommes réunis pour réparer un
acte de vandalisme. Je félicite celui ou ceux d'entre vous
qui en ont conçu l'heureuse idée, et je suis heureux d'avoir
pu m'y associer. La France, qui va l'apprendre, y ap-
plaudira. Pardonnons aux auteurs de cét acte coupable :
ils sont vaincus. Ces hommes-mal inspirés ont pendant
quinze années humilié et tourmenté la France : les im-
prudens, ils n'ont pas craint de soulever une tempête,
et la tempête les a emportés!.... Jouissons des biens
que nous lui devons ; soyons généreux dans la victoire !
Nous avons maintenant tout ce qui peut consolider notre
ancienne gloire et assurer notre bonheur: un Roi ci -
toyen, une Charte telle que nous la désirons, et la li-

berté , cette fille du ciel, que tous les peuples nous envient : nous leur avons montré comment elle s'obtient !

» Vive le Roi des français ! vive la Charte! vive la Liberté ! »

Cette lecture faite d'une voix forte qui exprimait tout à-la-fois le patriotisme et la sollicitude du colonel pour cette garde nationale, à la formation de laquelle il s'était voué avec un zèle infatigable, fut couvert des cris longtemps répétés de *Vive le Roi des Français ! vive la Charte ! vive la Liberté !* auxquels vint se joindre une symphonie militaire.

M. le contre - amiral baron Vattier, qui avait été prié par la garde nationale de représenter le corps de la marine, reçut en ce moment du président de la société d'agriculture l'invitation de prendre la parole, il s'avança sur le bord de l'enceinte et dit avec l'accent de la conviction :

« Mes concitoyens ,

» Chacun de vous est vivement touché d'un spectacle qui rappelle la réunion majestueuse de cent mille braves recevant du grand capitaine la récompense des services qui les avaient illustrés.

» C'est ici que se forma cette grande armée qui força l'Europe à l'admiration par la rapidité de ses triomphes !

» C'est ici que se trouvèrent, dans un beau jour, ces phalanges immortelles qui plantèrent le drapeau français du Nil à Dantzick, et du Tage à Moscou !

» C'est ici enfin, c'est auprès du simple monument que nous élevons aujourd'hui, que notre cœur palpite, que notre pensée s'agrandit, et que nous sommes fiers d'être français !

» Grâces soient rendues à la garde nationale de Boulogne. A peine formée, elle eut l'heureuse idée d'effacer les traces de la brutale réaction de 1815 ! Elle montre qu'elle apprécie la grande révolution qui vient de lui rendre la vie, et qui nous donne enfin cette liberté chérie, objet de tant de vœux et de tant de sacrifices. Je m'abandonne avec cette garde citoyenne à la douce satisfaction qu'on éprouve, alors que par la restauration des monumens on consacre une page précieuse à l'histoire de son pays ! alors qu'on peut honorer les glorieux exploits des braves de toutes les armes, qui tous étaient nos frères ou nos amis !

» De quel délire étaient-ils donc possédés, ceux qui firent disparaître la pierre monumentale de la Légion d'Honneur ? Pensaient-ils effacer la gloire de la nation ? Avaient-ils la prétention aveugle de recommencer les horreurs du vandalisme au milieu d'un siècle de lumières, d'un siècle que rien ne saurait faire reculer ? La colonne n'était-elle point là pour dire à l'avenir : la France eut un jour un héros à sa tête; elle était le plus fort et le plus grand des empires !

» Brave garde nationale, et vous tous, Messieurs,

vous donnez un grand exemple du respectueux hommage que vous portez à la Légion d'Honneur , à cet ordre, digne émulation du civil, du militaire et de tous les genres d'illustrations ! Permettez-moi de vous en offrir ma vive reconnaissance au nom du corps de la marine qu'on m'a chargé de représenter au milieu de vous. Avec ce sentiment , une autre émotion bien vive s'empare de moi : c'est à cet endroit même que l'Empereur Napoléon m'a conféré la décoration d'officier de la Légion d'Honneur, le 28 thermidor an XII.

» Vive Louis-Philippe Ier, Roi des Français ! Vive la Liberté ! »

L'émotion que suggérait à l'orateur d'aussi grands souvenirs fut aisément sentie, et les cris de *Vive la Charte ! Vive Louis-Philippe Ier , Roi des Français !* vinrent s'unir avec une musique guerrière à ses nobles pensées.

M. le président de la Société d'Agriculture s'avança ensuite et dit :

« Français ,

» La cérémonie qui nous réunit en cet instant nous rappelle cette époque brillante de gloire et de prospérité, ce jour solennel où l'homme extraordinaire qui semblait présider aux destinées de l'Europe fit, en présence d'une armée qui n'avait connu que la victoire, en présence de toutes les illustrations de la France, et d'un concours immense de spectateurs accourus des diverses parties de l'Empire, la distribution de la décoration de la Légion-d'Honneur, institution qui avait été créée par lui, et tellement conforme à l'esprit français, qu'elle est devenue l'une de nos institutions constitutionnelles.

» C'est d'ici, c'est du pied de cette colonne, votée par l'armée expéditionnaire et la flotille, que partirent ces braves légions qui, marchant avec la promptitude de l'éclair, firent capituler Mack dans Ulm; entrèrent peu de jours après triomphantes dans Vienne, et terminèrent à Austerlitz, par la victoire sur deux empereurs, cette campagne de trois mois, la plus rapide, la plus brillante et la plus importante par ses résultats de toutes celles dont l'histoire puisse offrir le récit.

» La Société d'Agriculture, voulant consacrer le souvenir de l'imposante cérémonie de la distribution de la décoration de la Légion-d'Honneur, distribution dont le temps accroîtra chaque jour la renommée, et éviter aux voyageurs qui, dans les siècles à venir voudront visiter les lieux qu'ont foulés tant de héros, des recherches pénibles et souvent infructueuses, a fait poser, le 2 décembre 1809, anniversaire de la bataille d'Austerlitz, une pierre monumentale sur l'emplacement même où fut élevé le trône et l'estrade qui lui servait de base.

» Le malheur des temps opéra, en 1815, la destruction de ce monument. En 1828, sous un ministère qui paraissait ami de nos institutions, la société conçut le projet de son rétablissement; mais elle fut forcée, par le ministère du 8 août, d'ajourner les mesures d'exécution qu'elle avait déjà prises. Les glorieux événemens du mois de juillet ayant fait disparaître les obstacles, la restauration du monument va avoir lieu par le concours de la Société d'Agriculture et de la garde nationale, réunies dans les mêmes vues. La joie et l'enthousiasme qui se manifestent parmi les nombreux spectateurs qui se pressent pour assister à cette solennité, prouve que vos sentimens sont universellement partagés, et que vous avez deviné la pensée publique. Le monument que vous allez rétablir, confié au patriotisme et à la surveillance conservatrice de la garde nationale, n'aura plus désormais à craindre la destruction; il attestera dans les siècles à venir votre sollicitude pour la gloire nationale, votre attachement à nos institutions, et votre respect pour la mémoire des braves qui ont porté leurs armes victorieuses en Egypte, sur le mont Thabor et dans les principales capitales de l'Europe ébranlée, et comme étourdie de tant de gloire.

» Honneur, à jamais honneur aux braves morts pour la patrie. »

Les cris de *Vive le roi des Français !* répétés de toutes parts, et des airs patriotiques couronnèrent ce discours et consacrèrent alors la pierre monumentale dont la pose venait d'être achevée, et qui désormais restait confiée à la garde nationale, au patriotisme dés Boulonnais et à la foi publique.

Messieurs Armand Bessis, avocat, lieutenant des chasseurs du 2me bataillon de la garde nationale, et Piquendaire, prononcèrent ensuite chacun un discours que nous plaçons ici avec d'autant plus de plaisir qu'ils nous fournissent l'occasion de rendre hommage à leur amour pour la liberté et la gloire de la patrie.

DISCOURS DE M. BESSIS.

« Camarades ,

« Le peuple souverain a vaincu : le despotisme a fui de nos bords, et le roi parjure traîne son exil en Ecosse.

» La liberté nous réunit sous l'immortel drapeau. Une fête nationale à laquelle toute la France voudrait assister nous a conduits au pied de la colonne.

» A la vue de ce monument, que de souvenirs se pressent dans notre mémoire ; à sa vue nos cœurs Français tressaillent de joie, et le premier garde national de France, le roi citoyen, l'élu du peuple, serait fier de le regarder : il était à Jemmapes !

» Camarades, un guerrier fameux a institué la Légion d'Honneur ; une pierre établie par notre société d'agriculture indiquait au voyageur la place du trône de 1804 ; de cette place, il est parti précédé par la victoire...... Le soleil d'Austerlitz a paru .... Aprés

dix ans de combats, fatigué de conquêtes, il est tom-
bé...... Napoléon n'est plus.....

» Ne soulevons pas son tombeau : une terre étrangère possède encore sa cendre ; mais sa gloire est à
nous, elle est Française, elle nous appartient ; hono-
rons-la d'un culte éternel et tout particulier.

» Que les triomphes de l'Empire soient sacrés, qu'ils
imposent silence au vandalisme politique et religieux:
laissons tout à l'histoire....... nos monumens publics ne
sont plus au pouvoir d'un fanatisme anti-national ; ce
fanatisme s'introduit partout, serrons nos rangs et fer-
mons-lui passage.

» Respectons désormais ce monument que rétablit
la Garde Nationale.

» Amis, autour de ce marbre groupons-nous ; et,
devant cet autel de la gloire, donnons-nous la main.

» Et vous, légionnaires, vous, membres de la fa-
mille héroïque, réjouissez-vous, c'est votre jour de triomphe : rappelez-vous avec orgueil vos illustres trophées.

» L'aigle française, au milieu des combats, a déposé
sur votre poitrine l'étoile des braves : réjouissez-vous.

» Et nous, enfans de la France, la liberté peut nous
appeler à sa défense ; nous y volerons avec joie ; nous
serons dignes de nos aînés ; nous marcherons sur vos
traces : vos pas sont encore marqués sur toute l'Europe.

» Et toi, simple, mais auguste monument, monument national, sois sacré ! que le profane et le sacrilège
s'éloignent de toi ; qu'ils sachent qu'en cas d'insulte,
notre vengeance serait près de l'oubli que nous accor-

dons : sois respecté, et dis à la postérité que sous l'étendard de la liberté, de cette liberté que le guerrier du monde a cachée sous les lauriers ; dis que sous les armes prises pour le maintien de nos droits et les institutions des peuples, la garde nationale de France a pu crier encore : « Au grand capitaine ! son nom résume toutes les gloires !.... A NAPOLÉON LE GRAND, le père de la Légion d'honneur ! »

» Camarades, notre devise sera toujours : Honneur et Patrie !!!

DISCOURS DE M. PIQUENDAIRE.

« GARDES NATIONAUX BOULONNAIS,

» Vivement ému à la vue d'un spectacle aussi solennel, permettez à l'un de vos concitoyens d'unir sa faible voix aux voix éloquentes que vous venez d'entendre.

» Le monument que vous relevez aujourd'hui est la preuve la plus éclatante que la gloire de la patrie vous sera toujours chère.

» Il rappelle une époque à jamais mémorable pour notre cité, celle de la distribution des décorations de la légion d'honneur.

» C'est ici que la plus belle et la plus brave armée de l'univers, tant de fois triomphante d'une ligue de peuples jaloux, reçut des mains du plus grand capitaine cette étoile de la valeur et du courage, qui brille avec

un juste orgueil sur le cœur de beaucoup de nos concitoyens.

» Jamais cérémonie plus imposante, plus majestueuse n'eut lieu sur la terre.... Mars y était entouré
de ses enfans..... Thémis tenant sa balance, y comptait
les services, pesait le sang versé pour la patrie..... Le
mérite seul obtenait la palme glorieuse.

» Napoléon n'est plus..... sa cendre repose dans
l'exil..... sur un rocher..... ses vieux compagnons d'armes!.... presque tous ont péri : les uns au sein de la
victoire..... les autres ensevelis sous la neige dans les
plaines du nord, et les plus malheureux, massacrés par
la trahison dans les champs de Waterloo.

» Mais ces lieux, où jadis existait leur redoutable
camp, sont tout vivans de leur gloire, cette colonne
que le vandalisme n'a pu atteindre est là...... vous la
voyez, Français.

» Elle traversera les siècles, cette colonne. Le
jeune guerrier, pénétré à sa vue d'une admiration pro-
fonde, lui fera sa prière, elle lui fournira de sublimes
exemples ; l'historien étonné l'interrogera avec respect ;
le poëte y puisera d'heureuses et brillantes inspirations
pour ses chants homériques; l'artiste y viendra allumer
son génie ; le citoyen y lira la gloire de son pays.

» Gardes Nationaux Boulonnais, en rétablissant le
monument consacré à la légion-d'honneur, que le fanatisme et l'ignorance osèrent détruire en 1815, vous
obéissez à un devoir sacré.

» Mânes de nos frères, de nos défenseurs ! que ne

pouvez-vous sortir de la tombe ! A cet aspect d'un peuple reconnaissant, les larmes du guerrier se mêleraient à celles du citoyen....... Levez-vous, ombres illustres ! La France est aujourd'hui digne de revoir vos nobles fronts !..... Voici votre drapeau.....: il s'incline devant vous....; les lauriers immortels qui l'ombragent vous appartiennent.

» Courbée pendant quinze ans sous un joug imposé par l'étranger, la France gémissante fut abreuvée d'humiliations. Tout ce qui rappelait vos hauts faits, ô généreux guerriers ! était proscrit lâchement, brutalement détruit.

» Mais enfin, grâce au courage, à l'honneur national, Louis PHILIPPE Ier est Roi des Français !

» Il fut votre ami, votre compagnon d'armes : Jemmapes, Fleurus l'ont vu combattre à vos côtés.

» Jeté sur la rive étrangère, le souvenir de vos trophées adoucissait ses regrets ; son cœur tout français eût voulu toujours partager vos périls.

» Aussi sous son règne non-seulement l'armée a reconquis sa gloire ,mais la nation la liberté !

» Vous, braves Gardes Nationaux Boulonnais, qui venez de donner un précieux et nouveau gage de votre dévouement et de votre patriotisme, comptez sur la reconnaissance de la France ; le citoyen des deux mondes, le Nestor des guerriers, Lafayette, votre père, votre général, sera fier de vous compter dans ses rangs.

» *Honneur à la garde nationale de Boulogne ! Honneur à mes concitoyens !*

De nouvelles fanfares et les cris de *Vive le Roi ! vive Lafayette ! vive la France !* terminèrent l'ordre des lectures.

Peu après, la garde nationale et les troupes se placèrent en bataille et exécutèrent des feux de peloton qui, avec le salut de l'artillerie, portèrent au loin le signal de l'allégresse générale. Les manœuvres terminées, les armes furent mises en faisceaux, chacun se dirigea vers les tentes établies dans le fond du vallon. Ce mouvement, ce mélange des uniformes, l'union des citoyeus et des soldats, la participation des dames à cette fête toute nationale, offraient un coup d'œil ravissant.

A deux heures et demie le cortège revint par la Tour-d'Ordre, traversa la basse-ville jusqu'à la place d'Alton, et là se termina cette journée qui sera citée honorablement parmi celles que l'histoire a consacrées à la gloire des Boulonnais, et qui répandit la satisfaction dans tous les cœurs véritablement Français.

P. BERTRAND, D. M, P.

Capitaine de la 2ᵐᵉ compagnie du 2ᵐᵉ bataillon.